INHALTSVERZEICHNIS

Sätze zuordnen

Rex in der Schule

Ordne die Sätze in der richtigen Reihenfolge den Bildern zu.

Rex hat die Schule gefunden. – Rex ist furchtbar traurig. – Sven muss zur Schule.
Rex sucht auf der Straße Svens Spur. – Er verabschiedet sich von Rex.
Mit einem Sprung hüpft Rex ins Klassenzimmer. – Er denkt unentwegt an Sven.

Mit einem Satz kannst du etwas erzählen und aussagen. Wie nennt man solche Sätze?		

Name:	Datum:

Bd. 343. Joachim Borchers: Rund um den Satz.

Die Schriftgestalt des Satzes (Satzanfang)

Eine Raupengeschichte

Ergänze immer den Satzanfang.

Dies sind alles Aussagesätze (Deklarativsätze).

<u>Ein</u> kleines Ei lag auf einem Blatt.

__________ dem Ei schlüpfte eine kleine Raupe.

__________ Raupe fraß jede Menge Blätter.

__________ bekam einen ganz engen und festen Anzug.

__________ feste Anzug zerplatzte bald.

__________ war sie ein schöner Schmetterling.

Was musst du am Satzanfang beachten?		

Name:	**Datum:**

Die Schriftgestalt des Satzes (Satzschlusszeichen)

Lies die Geschichte genau und setze die fehlenden Punkte.

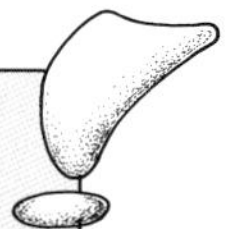

Wenn du deutlich liest, merkst du, wann ein Satz zu Ende ist.

Eine Schlangengeschichte

Eine dicke Schlange lebte in einem Käfig aus Glas.
Ihr war langweilig und sie hatte Hunger Da hob sie
den Deckel hoch und kroch langsam über die Glasscheibe
Sie glitt über den Fußboden Plötzlich sah sie eine
Maus hinter dem Schrank Sie wollte die Maus fressen
Hinter dem Schrank wurde es aber immer enger Da
blieb die dicke Schlange stecken Zum Glück holte ihr
Besitzer sie wieder hervor Sonst wäre die dicke
Schlange jämmerlich hinter dem Schrank verhungert

Welche Merkmale hat ein Satz?		

Name:	Datum:

Die Entstehung des Lebens

Jeder Satz hat einen Klangbogen.
Du findest ihn, wenn du beim Lesen auf deine Stimme achtest.
Zeichne über jeden Satz einen Klangbogen.
Setze dann die fehlenden Punkte.

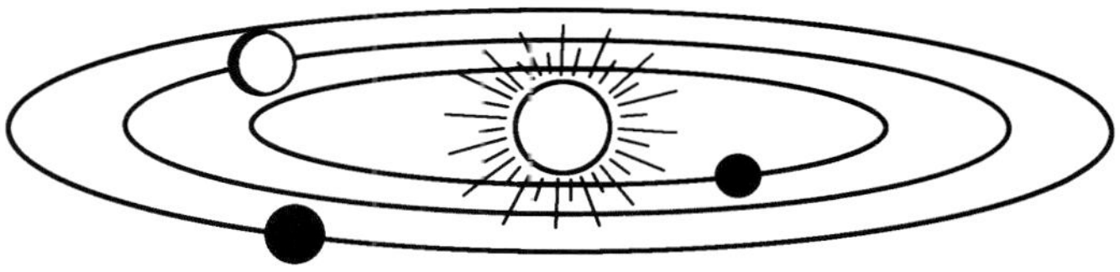

vor 18 milliarden jahren ist unser weltall entstanden.
das war der urknall das weltall bestand am anfang
nur aus heißen gasen später wurde dann unsere
milchstraße mit den ersten sternen geboren jetzt gab
es schon kohlenstoff sauerstoff und eisen aus einer
wolke aus gas und staub bildete sich die sonne
gesteinsbrocken formten sich zu planeten so entstand
auch vor mehr als vier milliarden jahren unsere erde
sie war zunächst glühend heiß später wurde sie vom
regen abgekühlt die junge erde war zu dieser zeit fast nur
mit wasser bedeckt in diesen riesigen meeren entstand
auch das erste leben das waren ganz einfache lebewesen
sie besaßen nur eine einzige zelle

Woran kannst du einen Satz auch erkennen?		

Name:	Datum:

Bd. 343. Joachim Borchers: Rund um den Satz.

Unterschiedliche Satzanfänge

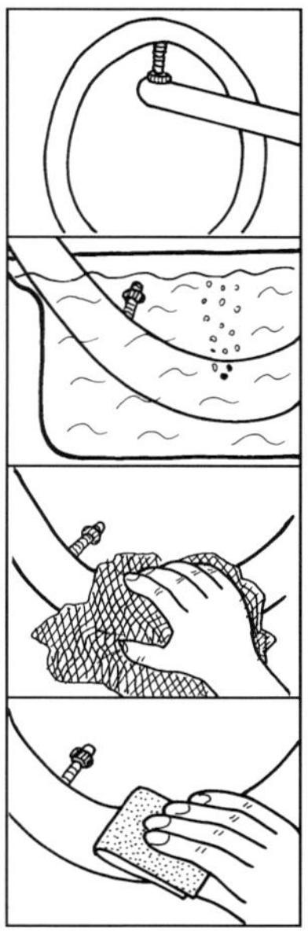

Wir flicken einen Fahrradschlauch

Wir drücken den Gummiflicken fest an.

Wir pumpen den Schlauch auf.

Wir bestreichen die Lochstelle mit Gummikleber.

Wir halten die geflickte Stelle noch einmal ins Wasser.

Wir rauen die Lochstelle mit Sandpapier auf.

Wir ziehen den Schlauch durch eine Schüssel mit Wasser.

Wir trocknen den Schlauch ab.

Wir warten zwei Minuten.

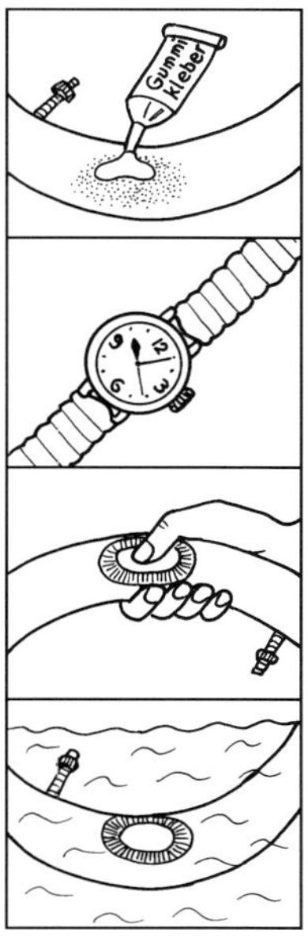

Schreibe den Text noch einmal und verändere immer den Satzanfang. Bringe dabei die Sätze mit passenden Satzanfängen in die richtige Reihenfolge. Die Bilder helfen dir.

Diese Wörter kannst du nutzen:

zum Schluss | jetzt | nun | danach | anschließend | schließlich

bald | dann | plötzlich | kurz darauf | zuletzt | endlich

Zuerst füllen wir Wasser in eine Schüssel.

____

____

____

____

____

____

____

Wie kannst du einen Text abwechslungsreicher und lebendiger schreiben?		

Name:	Datum:

Sinnvolle Sätze I

Das gibt's doch nicht!

① Der Besen kehrt mit Lena den Fußboden.
② Das Geschirr räumt den Vater in die Spülmaschine.
③ Die Brötchen essen die Kinder mit Marmelade.
④ Die Hosen hängen die Mutter an die Wäscheleine.
⑤ Die Kartoffeln holen Sebastian im Eimer aus dem Keller.
⑥ Der Abfalleimer trägt Mutter zur Mülltonne.
⑦ Der Kuchenteig rollt Großmutter mit dem Nudelholz aus.
⑧ Der Anorak hängt Esra in den Kleiderschrank.

1. Merkwürdige Welt. Kannst du die unsinnigen Sätze in sinnvolle Sätze verwandeln?

① *Lena kehrt mit dem Besen den Fußboden.*

**2. Sprichwörter und Redensarten haben einen besonders tiefen Sinn.
Hier sind einige durcheinandergeraten. Stelle sie richtig!**

① Morgenstund hat kurze Beine.
② Viele Köche verderben den Preis.
④ Ohne Fleiß kein Brei.
⑥ Lügen haben Gold im Mund.
⑤ Es ist noch kein Apfel vom Himmel gefallen.
③ Der Meister fällt nicht weit vom Stamm.

Worauf musst du achten, wenn du Sätze schreibst?		

Name:	Datum:

Sinnvolle Sätze II

Eine sonderbare Geschichte

Im Schuppen des alten Tom steht ein riesengroßer Kleinwagen. Das funkelnagelneue Auto ist schon sehr alt. Das grüne Auto ist mit roter Farbe angestrichen. Innen ist es sehr geräumig, aber man hat keinen Platz für Gepäck. Auf die vier Sitze können sich zwei Personen setzen. Tom steigt gerade alleine zusammen mit seiner Frau ein. Langsam zuckelt das Auto los und rast blitzschnell um die Ecke. Tom und seine Frau sitzen stumm nebeneinander und erzählen sich die neuesten Witze. Sie lachen dauernd und sind sehr traurig. Plötzlich huscht eine schwarz-weiße einfarbige Katze langsam über die Straße. Weil er weiterfahren will, muss er bremsen. Zum Glück ist dem Kätzchen nichts passiert.

1. Unterstreiche, wo dir Unsinn aufgefallen ist.

2. Trage die Widersprüche und Gegensätze in die Tabelle ein.

riesengroß	*klein*

3. Erzähle die Geschichte in sinnvollen Sätzen.

Kennst du 3 Kennzeichen eines Aussagesatzes?		

Name:	**Datum:**

Bd. 343. Joachim Borchers: Rund um den Satz.

Vollständige Sätze

Sonderbare Zeitungsmeldungen

Nikolaus hat acht alte Tanten

Schüler schlagen Lehrer

Lehrerin legt für die Kinder Eier

Kinder spinnen

Katze frisst Hund

Großvater wird 150

1. Finde das richtige Satzende zu den Zeitungsmeldungen.

① … zu Weihnachten beschenkt.
② … und weben Wolle im Handarbeitsunterricht.
③ … beim Fußballspielen.
④ … Gäste zum Geburtstag einladen.
⑤ … in das Osternest.
⑥ … das Futter weg.

2. Ergänze in den Sätzen am schwarzen Brett die fehlenden Wörter.

Die Klasse 5b möchte am Freitag keine ________________________.

Ich __________ gebrauchte Inlineskates. Anna 6e

Ich gebe mein altes Rennrad zu einem ________________ Preis ab. Carsten 4a

Wir wollen eine ____________________ gründen. Wer macht mit? Serkan und Thomas

Unser ____________________________ findet am 16. Juni statt. Ihr müsst ________________ mitbringen.

Setze ein: Theatergruppe, Hausaufgaben, suche, Geschirr, günstigen, Sommerfest

Name:	Datum:

Bd. 343. Joachim Borchers: Rund um den Satz.

Ordnung im Satz

Feriengruß

Antworten | Allen antworten | Weiterleiten | Kennzeichnen | Drucken... | -- INCOMING MAIL -

Von: Lasse <lasse_heitmann@gmx.de>
Antworten an: „Lasse“ <lasse_heitmann@gmx.de>
Datum: Donnerstag, 2. August 2003, 17:05 Uhr
An: „Tim“ <tkol-be@freenet.de>
Betreff: Feriengruß

Hallo Tim!

Ferien die Max Onkel verbringe Ich Bodensee am bei.
Auto die fahren mit wir Manchmal Schweiz dem in.
Felsen Onkel mit klettert den in Max mir.
uns einem mit sichert Seil Er.
Boot Wir kleinen rudern einem dem See auf mit.
Angel an Fahrrad altes hing unserer ein Gestern.
beinahe ins kopfüber Ich Wasser fiel.
Baumhaus ein wieder baue im Morgen Garten ich.

Bis bald! Dein Lasse

Denke daran:
Am Satzanfang
steht immer ein
großer Buchstabe!

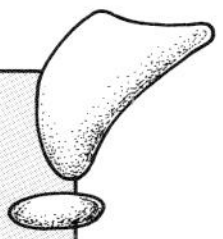

Durch einen falschen Befehl hat der Computer alle Wörter durcheinandergeworfen.
Schreibe den Brief neu und bringe dabei Ordnung in die Sätze.

Ich verbringe die Ferien bei Onkel Max am Bodensee.

____

____

____

____

____

____

____

____

An welcher Stelle steht das Verb (Zeitwort) im Aussagesatz?		______________

Name:	**Datum:**

Sätze aus Sinnträgern (Stichpunkten)

Eine Angstgeschichte

Bilde aus den Stichpunkten Sätze. Schreibe die Geschichte auf.

Hast du auf unterschiedliche Satzanfänge geachtet?

① Benjamin – Bett – liegen – schlafen

Benjamin liegt im Bett und schläft.

② gellender Schrei – aufwecken

③ Bettdecke – Ohren – ziehen

④ Haare – zu Berge – stehen

⑤ furchtbare Angst – zittern

⑥ Fenster – offen – Vorhang – bewegen – Wind

⑦ Gestalt – hüpfen – Fensterbrett

⑧ Zimmer – springen – Bett – schleichen

⑨ Bett – hüpfen – schnurren – Gestalt

⑩ Kater Mohrle – Arm – wieder – einschlafen – Benjamin

Name:	**Datum:**

Wortfragen

Isabelle hat ein kleines Kätzchen bekommen. Sie hat noch viele Fragen.

1. Findest du die passenden Fragewörter?

___Welchen___ Namen soll mein Kätzchen haben?

_____________ schläft mein Kätzchen

_____________ frisst eine Katze

_____________ kann ich mein Kätzchen am Anfang füttern

_____________ fängt sie Mäuse

_____________ füttert die Katze, wenn ich nicht zu Hause bin

_____________ kann ich ihr Körbchen hinstellen

_____________ gehe ich mit dem Kätzchen, wenn es krank ist

_____________ kommt mein Kätzchen

_____________ schütze ich mein Kätzchen vor Hunden

_____________ brauche ich eine Katzentoilette

_____________ Geld muss ich im Monat für Futter ausgeben

Hast du an das Fragezeichen gedacht?

warum | wie | wo | wohin | wie viel | woher

wann | wo | was | wer | womit

2. Findest du noch weitere Fragewörter? Schlage im Wörterbuch nach.

Welche Merkmale haben diese Fragesätze (Interrogativsätze)?		

Name:	**Datum:**

Satzfragen

Der Fuchs

	richtig	falsch
① Der Fuchs trägt eine weiße Schwanzspitze.	F	A
② Er geht meistens am Tag zur Jagd.	T	E
③ Er besitzt ein scharfes Raubtiergebiss.	I	S
④ Mit seinen starken Eckzähnen hält er die Beute fest.	R	P
⑤ Er zerreißt seine Nahrung mit den zackigen Backenzähnen.	B	E
⑥ Er kann ansteckende Krankheiten übertragen.	K	I
⑦ Bei Gefahr verliert der Fuchs seinen Schwanz.	S	C
⑧ Seine Nahrung besteht nur aus Pflanzen.	D	E
⑨ Die Füchsin bringt im April bis zu acht Junge zur Welt.	T	H
⑩ Im Herbst baut sich der Fuchs im Baumgipfel ein Nest aus Zweigen.	G	S

Kreise die zutreffenden Buchstaben ein und lies sie von 10 bis 1.
Erkennst du das Lösungswort?

Einige Aussagen über den Fuchs stimmen nicht.
Finde die richtigen Aussagen, indem du alle Aussagesätze in Fragesätze verwandelst.

① *Trägt der Fuchs eine weiße Schwanzspitze?*

Name: **Datum:**

Vorsicht, Scherzfragen!

Lies genau und denke um die Ecke.

① Kann eine Amsel auswendig singen?

② Was brichst du, wenn du sprichst?

③ Auf welchen Fall sind Künstler stolz?

④ Warum sind Glatzköpfe so friedliche Menschen?

⑤ Wer hat immer das letzte Wort?

⑥ Welches Gewicht will auch ein dicker Mensch nicht verlieren?

⑦ Welches Laub gibt es auch im Winter?

⑧ Wie kommt die Ameise über den Fluss?

⑨ Welche Kunden laufen immer schnell?

⑩ Wer heißt Peter und macht immer Musik?

⑪ Welcher Arm gibt Töne ab?

Lösungswort

Die Antworten sind durcheinander geraten. Findest du das Lösungswort?

E Weil sie sich nicht in die Haare kriegen können.

E Es ist der Al-arm.

Z Er will sein Gleich-gewicht nicht verlieren.

R Sie nimmt ihr „A“ weg und fliegt hinüber.

H Sie sind auf den Bei-fall stolz.

G Das ist der Trom-peter.

R Das letzte Wort hat das Echo.

C Ich breche das Schweigen.

F Das ist der Ur-laub.

A Das sind die Se-kunden.

S Nein, sie singt vom Blatt.

Hast du erkannt, wie Scherzfragen gebaut sind? Überlege dir selbst noch einige.

Name:	Datum:

Ausrufesatz (Exklamativsatz)

Der Baron von Münchhausen
hat viele Lügengeschichten erzählt. Trotzdem bewunderten ihn seine Zuhörer.

1. Schreibe Ausrufesätze!

Was könnten sie ausgerufen haben, als er erzählte, dass er …

… auf einer Kanonenkugel ritt?

Hört nur, was für ein tollkühner Mensch!

(tollkühner Mensch)

… sich selbst und sein Pferd an den Haaren aus dem Schlamm zog?

(kräftige Muskeln)

(mutiger Soldat)

(starke Arme – niemand)

(keiner nachmachen)

2. Was rufst du heute aus, wenn du jemanden oder etwas bewunderst? Schreibe Ausrufesätze!

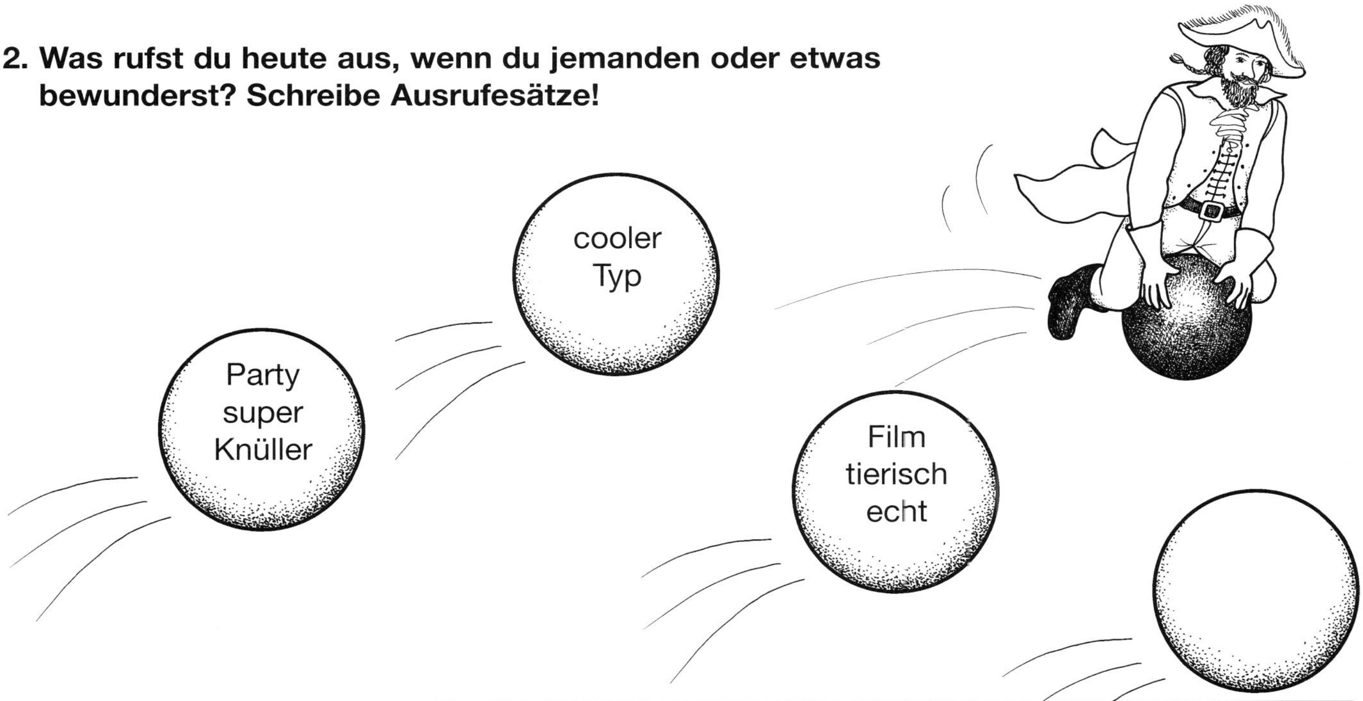

Mit welchem Satzzeichen endet der Ausrufesatz?		

Name:	Datum:

Bd. 343. Joachim Borchers: Rund um den Satz.

Aufforderungssatz (Imperativsatz)

1. Bilde aus den Stichpunkten Aufforderungssätze.

① *Kühle dich vor dem Baden ab!*

2. Ordne den Verkehrsschildern die passenden Aufforderungssätze zu.

Dem Gegenverkehr Vorrang gewähren!

Halt! Vorfahrt gewähren!

Einfahrt verboten!

Vorfahrt gewähren!

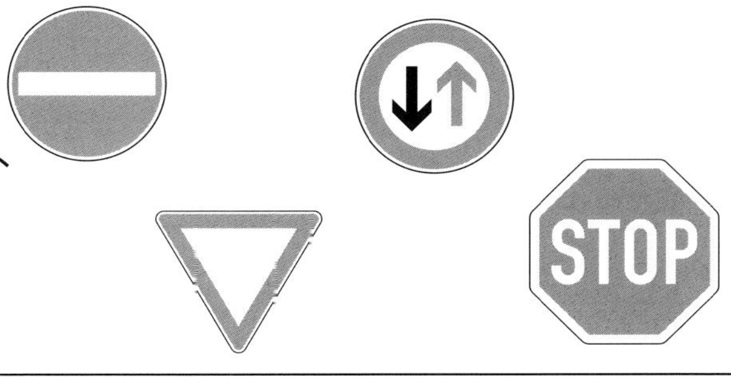

An welcher Stelle steht das Verb (Zeitwort) im Aufforderungssatz?		

Name:	**Datum:**

Kontrolle: Aussagesatz, Fragesatz, Ausrufesatz, Aufforderungssatz

In der Klasse reden alle durcheinander

1. Bilde aus den Stichpunkten Sätze zu allen Satzarten. Schreibe auf ein extra Blatt.

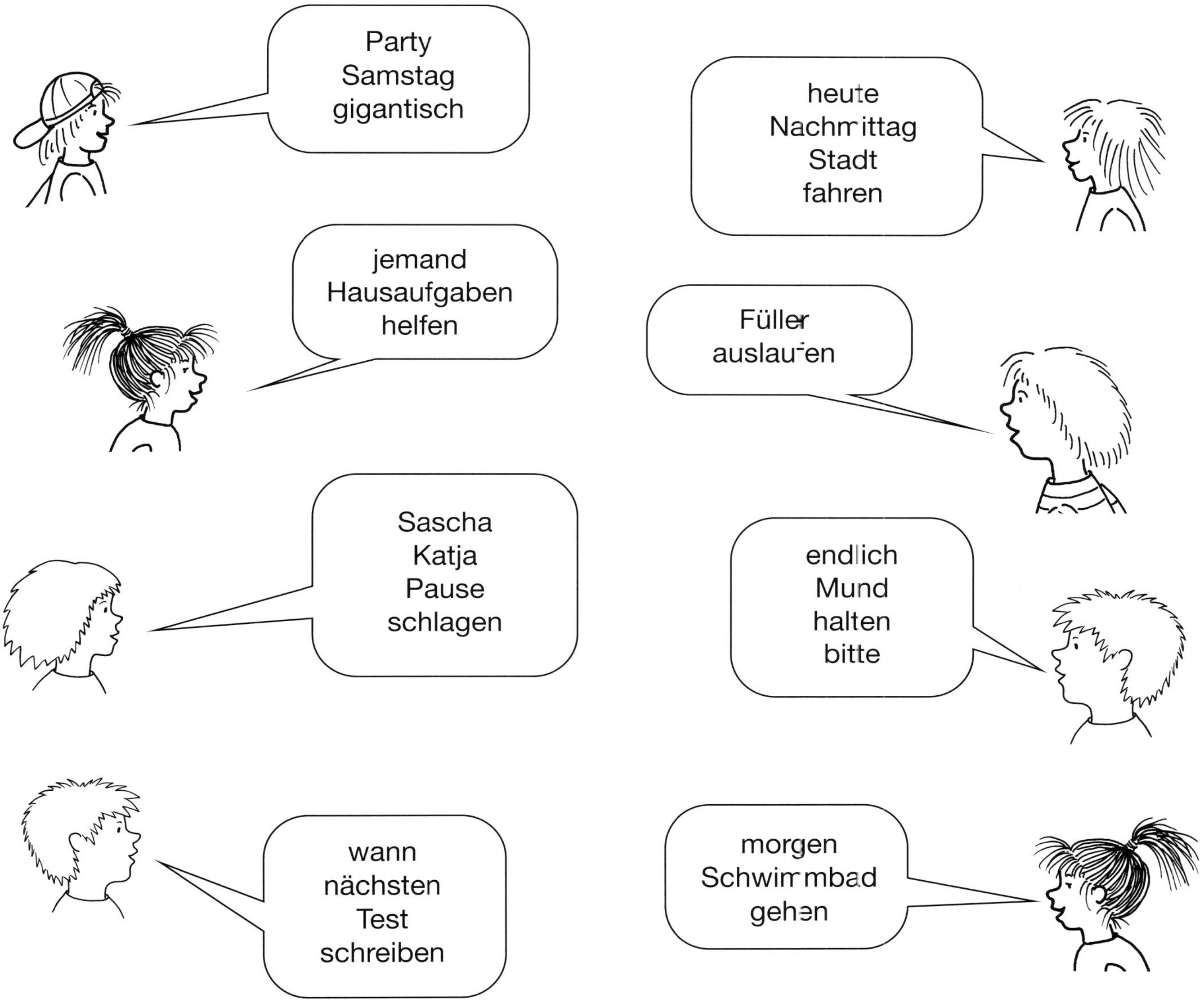

2. Zeichne zu diesen drei Satzarten den Klangbogen.

Fragesatz	Aussagesatz	Aufforderungssatz

Punkte:	**Note:**

Name:	**Datum:**

Sinnwörter (Klangprobe)

So viel Wasser verbrauchen wir

1. Lies die Sätze und betone immer die markierten Wörter.

Die Probe hilft dir, die Satzglieder zu finden.

① Sinan kocht mit ***einem Liter*** Wasser acht Tassen Tee.
Sinan kocht mit einem Liter Wasser ***acht Tassen*** Tee.
Sinan kocht mit einem Liter Wasser acht Tassen Tee.
Sinan ***kocht*** mit einem Liter Wasser acht Tassen Tee.
Sinan kocht mit einem Liter Wasser acht Tassen ***Tee***.

② ***Die Waschmaschine*** verbraucht im Sparprogramm 80 Liter Wasser.
Die Waschmaschine verbraucht im ***Sparprogramm*** 80 Liter Wasser.
Die Waschmaschine verbraucht im Sparprogramm ***80 Liter*** Wasser.

③ Mit einem ***halben Liter*** Wasser putze ich meine Zähne.
Mit einem halben Liter Wasser putze ich ***meine Zähne***.
Mit einem halben Liter Wasser putze ***ich*** meine Zähne.
Mit einem halben Liter Wasser ***putze*** ich meine Zähne.

④ Für ein Bad in der Wanne benötige ***ich*** 180 Liter Wasser.
Für ***ein Bad*** in der Wanne benötige ich 180 Liter Wasser.
Für ein Bad in der Wanne benötige ich ***180 Liter*** Wasser.
Für ein Bad ***in der Wanne*** benötige ich 180 Liter Wasser.

⑤ Carmen wäscht ihre Äpfel mit ***drei Litern*** Wasser.
Carmen wäscht ***ihre Äpfel*** mit drei Litern Wasser.
Carmen wäscht ihre Äpfel mit drei Litern Wasser.

**2. Schreibe zu jedem Abschnitt eine Frage auf.
Betone die Frage immer an einer anderen Stelle.**

① *Kocht Sinan mit einem Liter Wasser acht Tassen Tee?*

② ______________________________

____

____

____

Du kannst in einem Satz verschiedene Wörter betonen. Was veränderst du dabei?		

Name:	Datum:

Satzglieder umstellen (Verschiebeprobe I)

Wir schützen unser Wasser

1. Stelle die Sätze um! Verändere dabei den Satzanfang. Kreise dann die Satzglieder ein.

> Ein Tipp: Das Verb (Zeitwort) steht im Aussagesatz an der zweiten Stelle. Alle Wörter, die zusammen vor dem Verb (Zeitwort) stehen, bilden das erste Satzglied.

① Vater verwendet nur wenig Dünger im Garten.
Im Garten verwendet Vater nur wenig Dünger.
Nur wenig Dünger verwendet Vater im Garten.

② Mutter wirft feste Abfälle in die Mülltonne.

____

____

③ Onkel Robert wäscht sein Auto in der Waschanlage.

____

____

④ Tante Margot gebraucht ihre Putzmittel sparsam.

____

____

2. Verändere mit der Verschiebeprobe (Umstellprobe) immer den Satzanfang. Schreibe die umgestellten Sätze in dein Heft. Kreise dann alle Satzglieder ein.

① Ich reibe mich erst nach dem Baden mit Öl ein.
② Unser Nachbar reinigt das verstopfte Rohr mit Luftdruck.
③ Großmutter gibt alte Tabletten in der Apotheke ab.
④ Bei der Dampferfahrt werfe ich keine Abfälle über Bord.
⑤ Herr Seifert bringt leere Batterien zurück zum Händler.
⑥ Sophie spült das Geschirr nur mit ein paar Tropfen Spülmittel.
⑦ Großvater liefert altes Öl bei der Sammelstelle ab.
⑧ Meine Schwester behandelt ihren Pullover nur selten mit Weichspüler.

Eine Kette besteht aus mehreren Gliedern. Woraus besteht ein Satz?		

Name:	**Datum:**

Vom Leben der Frösche

1. Bestimme in den Sätzen die Satzglieder mit der Verschiebeprobe (Umstellprobe) und kreise sie farbig ein. Verändere dazu immer den Satzanfang.

① Alle Frösche brauchen eine feuchte Umgebung.

② Der Frosch kommt im Wasser zur Welt.

③ Im Mai legt das Weibchen sehr viele Eier ins Wasser.

④ Eine durchsichtige Hülle schützt die Eier.

⑤ Nach vier Wochen schlüpfen aus den Eiern Kaulquappen.

⑥ Sie nehmen mit ihren Kiemen Sauerstoff aus dem Wasser auf.

⑦ Die Kaulquappen schwimmen mit einem Ruderschwanz.

⑧ Nach einiger Zeit wachsen die Hinterbeine.

⑨ Die Vorderbeine sehen wir erst danach.

⑩ Nach drei Monaten atmen die kleinen Frösche durch die Lunge.

⑪ Künftig lebt der Frosch im Wasser und auf dem Land.

⑫ Mit seinen kräftigen Hinterbeinen hüpft er weit.

2. Ordne einige Satzglieder nach der Anzahl ihrer Wörter.

Satzglieder mit einem Wort	Satzglieder mit zwei Worten	Satzglieder mit drei Worten

Welches Satzglied steht im Aussagesatz immer an der zweiten Stelle?		

Name:	Datum:

Bd. 343. Joachim Borchers: Rund um den Satz.

Satzglieder ergänzen (Erweiterungsprobe I)

Die Ente ist an das Leben im Wasser angepasst

1. Stelle zu den Sätzen Fragen und ergänze mindestens ein Satzglied.

① Die Ente schwimmt. *Die Ente schwimmt auf dem Teich.* ______

② Die Ente watschelt. ______

③ Sie frisst. ______

④ Das Männchen trägt. ______

Diese Wörter helfen dir: farbenprächtiges Federkleid | Pflanzen und kleine Tiere | Land

2. Ergänze die Sätze um mindestens zwei Satzglieder. Stelle vorher Fragen.

① Ihr Körper liegt.

______

② Die Ente besitzt.

______

③ Die Ente streicht ein.

______

④ Die Ente wühlt.

______

⑤ Die Ente legt.

______

Diese Wörter helfen dir: Nest | Gefieder | Schnabel | Fett | Wasser | etwa zehn Eier | Füße | Boot | Schlamm | Schwimmhäute

Wo liegt der Unterschied zwischen den vorgegebenen und den erweiterten Sätzen?		

Name:	**Datum:**

Bd. 343. Joachim Borchers: Rund um den Satz.

Satzglieder ergänzen (Erweiterungsprobe II)

Das Eichhörnchen

1. Was weißt du über das Eichhörnchen? Stelle Fragen und erweitere die Sätze um mindestens ein Satzglied.

① Das Eichhörnchen klettert.

Das Eichhörnchen klettert auf Bäume.

② Das Eichhörnchen vergräbt.

____

③ Das Eichhörnchen frisst.

____

④ Das Eichhörnchen ruht.

____

⑤ Das Eichhörnchen lenkt.

____

Diese Wörter helfen dir: Kobel | Schwanz | Nüsse | Vorrat

2. Kannst du die Nüsse knacken? Erweitere diese Sätze um mindestens zwei Satzglieder.

① Das Eichhörnchen polstert.

② Das Eichhörnchen baut.

③ Das Eichhörnchen sammelt.

④ Das Winterfell schützt.

____

____

____

____

Was zeigt dir die Erweiterungsprobe?		

Name:	Datum:

Satzglieder weglassen (Weglassprobe)

Unfallmeldungen

Bestimme die Satzglieder!
Streiche überflüssige Satzglieder weg und schreibe die Unfallmeldungen neu.

① Heute Nachmittag stießen um 15 Uhr plötzlich in der Hauptstraße Nummer 12 zwei Autos gleich neben der Kirche mit lautem Krach bei dem Haus mit den kleinen Fenstern zusammen.

② *Zum Glück verletzte sich bei dem schweren Unfall mit den Autos auf der Straße niemand ernsthaft an seinem Körper.*

③ **An diesem Tag rasten heute um 23 Uhr zwei junge Männer am Abend schnell mit ihrem roten Auto mit großer Geschwindigkeit in ein Schaufenster in der Stadt.**

④ Auf der Autobahn verlor heute früh ein Lastwagen auf einmal um 6 Uhr seine ganze Ladung Eier auf der Straße.

⑤ Vor einigen Tagen übersah ein Autofahrer am Donnerstag an der gefährlichen Kreuzung mit seinem Auto an der Ampel das rote Licht.

Wie verändert sich der Satz durch das Weglassen der Satzglieder?		

Name:	**Datum:**

Satzgegenstand (Subjekt)

Der Weg vom Korn zum Brot

1. Stelle die Frage: „Wer oder was tut etwas?"
Unterstreiche in den Sätzen dann die Wörter, die darauf antworten.

① Der Pflug lockert im September den Boden auf.

Wer oder was lockert im September den Boden auf?

② Der Bauer sät das Korn mit der Sämaschine.

____

③ Im November treibt der Samen Wurzeln und kleine Blätter.

____

④ Im Winter wächst das Pflänzchen nicht.

____

⑤ Dünger gibt den Pflanzen die notwendigen Nährstoffe.

____

2. Ergänze in den Sätzen den fehlenden Satzgegenstand.

① ____________________ behandelt das Getreide gegen Krankheiten und Ungeziefer.

② Im Juni blüht ____________________.

③ In der Ähre reift ____________________.

④ ____________________ erntet das Korn.

⑤ ____________________ zermahlt das Korn zu Mehl.

⑥ ____________________ füllt das Mehl in Säcke.

⑦ ____________________ knetet den Teig.

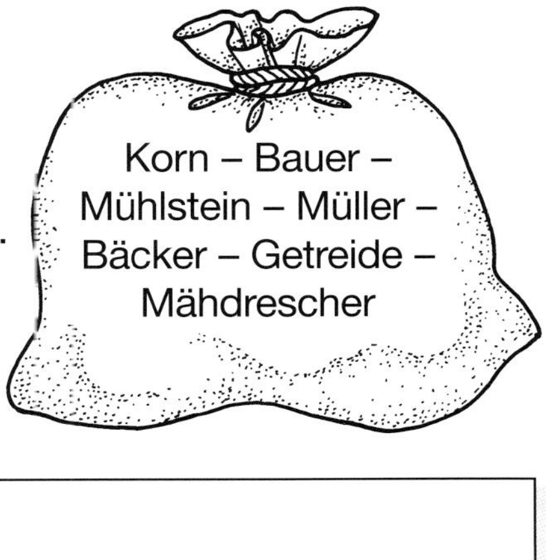

Wie heißen die Wörter, die auf die Frage „Wer oder was tut etwas?" antworten?		

Name:	Datum:

Satzaussage (Prädikat)

In der Bäckerei Heilmann

1. Stelle zu jedem Satz die Frage: „Was tut jemand oder etwas?“ Unterstreiche in den Sätzen dann das Wort, das darauf antwortet.

① Bäckermeister Heilmann <u>beginnt</u> schon um 3 Uhr mit der Arbeit.

Was tut Bäckermeister Heilmann? ______________________________

② Er besorgt alle Zutaten.

____

③ Die Knetmaschine bereitet den Teig.

____

Auf welche Frage antwortet die Satzaussage?

④ Der Bäcker wiegt den Teig mit der Waage.

____

⑤ Der Bäckergeselle formt die Brote in Körben.

____

2. Ergänze in den Sätzen die fehlende Satzaussage.

① Eine Viertelstunde ________________ das Brot im Gärschrank.

② Der Bäcker ________________ das Brot in den Backofen.

③ Die Luft ________________ das fertige Brot im Regal.

④ Um halb acht ________________ Anna das frische Brot im Laden.

⑤ Ein Fahrer ________________ die Backwaren auch an Gasthäuser und Supermärkte.

Wie ein Kern in einer Schale wird die Satzaussage von anderen Satzgliedern umschlossen. Wie kannst du die Satzaussage daher noch nennen?		

Name:	Datum:

Satzgegenstand (Subjekt) und Satzaussage (Prädikat)

Wir backen Brot in der Schule

Frage mit „**Wer oder was tut etwas**?“ nach dem Satzgegenstand (Subjekt)!

Frage mit „**Was tut jemand oder etwas**?“ nach der Satzaussage (Prädikat)!

Findest du heraus, an welcher Stelle die Satzaussage im Aussagesatz steht?

① Einige Schüler holen den Sauerteig vom Bäcker.

Satzgegenstand: ____________________________ Satzaussage: ____________________________

② Wir stellen Wasser, Mehl und Salz auf den Tisch.

Satzgegenstand: ____________________________ Satzaussage: ____________________________

③ Der Sauerteig bringt den Teig in die Höhe.

Satzgegenstand: ____________________________ Satzaussage: ____________________________

④ Wir brauchen 1 kg Mehl.

Satzgegenstand: ____________________________ Satzaussage: ____________________________

⑤ Svenja vermischt alle Zutaten in einer großen Schüssel.

Satzgegenstand: ____________________________ Satzaussage: ____________________________

⑥ Mit den Händen knetet Felix den Teig.

Satzgegenstand: ____________________________ Satzaussage: ____________________________

⑦ Ein Körbchen gibt dem Brot seine längliche Form.

Satzgegenstand: ____________________________ Satzaussage: ____________________________

⑧ Bei 250 Grad backen wir das Brot im Ofen.

Satzgegenstand: ____________________________ Satzaussage: ____________________________

Aus welcher Wortart wird die Satzaussage und aus welcher Wortart wird der Satzgegenstand gebildet?		

Name:	**Datum:**

Satzglieder ersetzen (Ersatzprobe), zweiteilige Satzaussage

Werbung

1. Bestimme die Satzaussage (Prädikat). Ersetze sie durch andere Wörter.

Jeden Tag sehen wir im Fernsehen Werbung.

____

____

2. Bestimme den Satzgegenstand (Subjekt). Ersetze ihn durch andere Wörter.

Kurze Werbespots versprechen den Menschen Gesundheit unc Schönheit.

____

____

3. Eine Satzaussage kann auch aus zwei Teilen bestehen. Unterstreiche!

① Klugen Köpfen fallen immer wieder neue Werbesprüche ein.
② In der Werbung treten auch Sportler auf.
③ Berühmte Schauspieler lächeln dich in Werbefilmen an.
④ Die Werbung soll bei den Menschen Wünsche wecken.

4. Bilde aus den Stichpunkten Sätze.

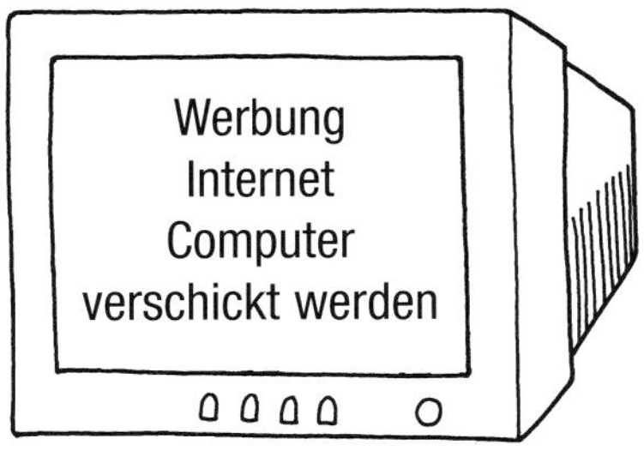

Wo steht die zweiteilige Satzaussage im Satz?		

Name:	**Datum:**

Kontrolle: Satzglieder

Kinderspiele aus aller Welt

① In Irland kuschelt ein Mädchen gerne mit ihrem großen Stofflöwen.
② In Albanien bauen Freunde aus Schrauben und Blechdosen ein Fahrzeug.
③ In Kanada taucht ein Kind mit seiner 3-D-Brille in eine Fantasiewelt ein.
④ Mädchen in Nepal haben sich selbst ein Springseil geflochten.
⑤ Von Kindern auf einer Südseeinsel wurden kleine Boote gebastelt.
⑥ In Amerika schenken Eltern ihrer Tochter Cindy eine Barbiepuppe.
⑦ Eine Kindergruppe in Malawi sitzt bei einem Spiel mit Bohnenkernen.
⑧ Junge – Mosambik – Metall – Auto – herstellen
⑨ Lisa spielt.

1. Mache die Proben! Kreise dann im ersten Satz alle Satzglieder ein.

2. Satz ②, ③ und ⑤: Unterstreiche und notiere den Satzgegenstand (Subjekt).

____

3. Satz ②, ⑥ und ⑦: Unterstreiche und notiere die Satzaussage (Prädikat).

____

4. Satz ⑨: Ergänze sinnvolle Satzglieder und notiere.

____

5. Satz ④: Ersetze den Satzgegenstand und schreibe den Satz neu.

____

6. Satz ⑥: Ersetze die Satzaussage und schreibe den Satz neu.

____

7. Unterstreiche alle zweiteiligen Satzaussagen und notiere sie.

____

____

8. Satz ⑧: Bilde aus den Stichpunkten einen Satz. Schreibe auf.

____

Punkte:	**Note:**

Name:	**Datum:**

Satzergänzung im 3. Fall (Dativobjekt)

Hättest du das gewusst? – Bemerkenswertes über Tiere

Wem?

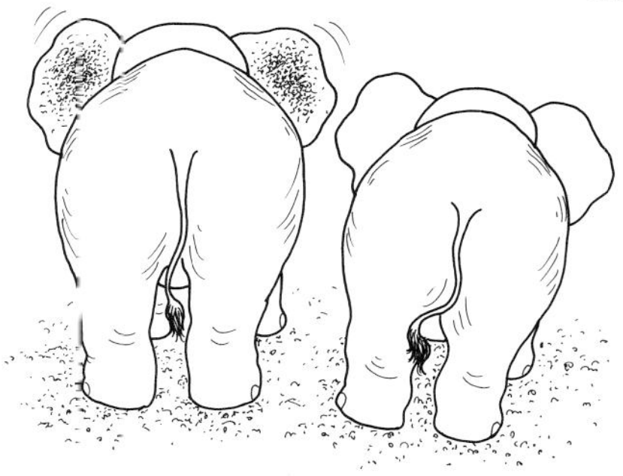

1. Beantworte diese Fragen mit einem Satz.
Welche Wörter antworten?

① Wem stehen junge Pinguine auf den Füßen?

Junge Pinguine stehen ihren Eltern auf den Füßen.

② Wem hilft ein Löwe manchmal bei der Jagd?

____

③ Wem legt der Kuckuck sein Ei ins Nest?

____

④ Wem versetzt der Zitteraal auch einen elektrischen Schlag?

____

⑤ Wem geht ein Tiger aus dem Weg?

____

Mensch | Löwin | Elefant | fremder Vogel

2. Stelle die „Wem"-Frage. Ergänze die passenden Wörter.

① Das Chamäleon schleudert ____________________ seine Zunge entgegen.

② ____________________ sprühen manche Ameisen Säure entgegen.

③ Im Sand lauert die Wüstenviper ____________________ auf.

④ Anakonda, die Riesenschlange, drückt sogar ____________________ die Luft ab.

⑤ Piranhas können ____________________ den kleinen Finger abbeißen.

Ziege | Kind | Feind | Schmetterling | Maus

Wie kannst du nach der Satzergänzung im 3. Fall fragen?		

Name:	**Datum:**

Satzergänzung im 4. Fall (Akkusativobjekt)

Bei den Neandertalern

Wen oder was?

1. Frage nach der Satzergänzung im 4. Fall und unterstreiche sie.

① Die Neandertaler suchten sich als Wohnung meist eine Höhle.

Was suchten sich die Neandertaler meist als Wohnung?

② Sie bauten sich aber auch kleine Hütten aus Tierknochen.

____

③ Der Neandertaler drehte einen Holzstab auf einer Holzplatte.

____

④ So konnte er selbst Feuer machen.

____

2. Stelle die „Wen-oder-was"-Frage. Ergänze die passenden Wörter.

① Mit Fackeln vertrieben sie ______________________ aus ihrer Höhle.

② Frauen grillten über dem Feuer ______________________.

③ Die Männer warfen ______________________ nach dem Mammut.

④ ______________________ zerlegten sie mit Werkzeugen aus Stein.

⑤ ______________________ der Tiere spannten sie auf und rieben sie sauber.

⑥ Aus den Tierfellen schnitten sie mit dem Faustkeil ______________________.

Fell | Fleischstück | Umhang | Bär | getötetes Tier | Speer

3. Der Neandertaler in unserer Zeit. Bilde Sätze aus den Stichpunkten und notiere sie!

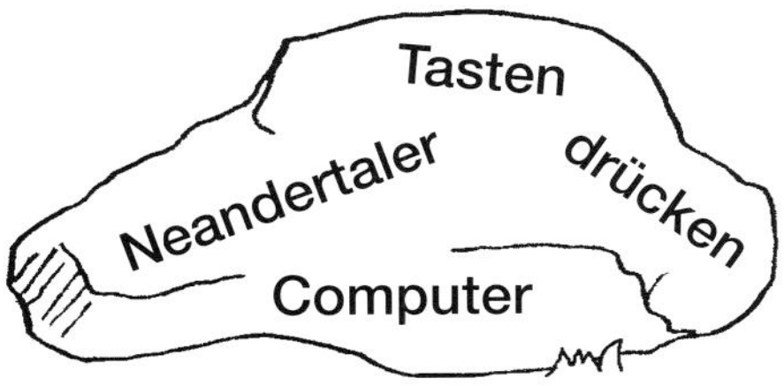

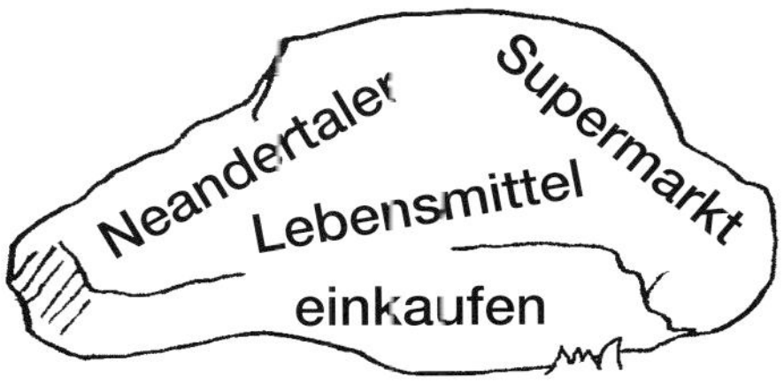

Name:	Datum:

Satzergänzung im 3. und 4. Fall (Dativ- und Akkusativobjekt)

Zirkus Caprioli

1. Unterstreiche die Satzergänzung im 3. und im 4. Fall unterschiedlich.

① Ein Reiter gibt den Pferden eine Belohnung.

② Ein Helfer bringt der Seiltänzerin einen Schirm.

③ Der kleine Peppino trägt dem dummen August den Koffer.

④ Der Zauberer holt einem Mann den Geldbeutel aus der Hosentasche.

⑤ Der Zirkusdirektor verkündet den Zuschauern ein tolles Programm.

2. Ergänze die fehlenden Wörter. Stelle vorher die richtigen Fragen.

① Ein Hund hüpft ____________________ auf den Rücken.

② Ein Seehund wirft einer Dame ____________________ zu.

③ Ein Akrobat springt ____________________ auf die Schulter.

④ ____________________ führen Artisten ____________________ am Trapez vor.

⑤ Die Clowns spielen den Schweinen ____________________ vor.

⑥ Ein Magier zeigt ____________________ ____________________.

⑦ ____________________ durchbohrt er mit Schwertern.

Publikum | Frau ohne Unterleib | Ball | Pferd | Lied

Kunststück | sein Partner | Zuschauer | junges Mädchen

3. Bilde aus den Stichpunkten Sätze.

① Feuerschlucker – Fackeln – Mund – löschen

____

② Junger Mann – Krokodil – Kopf – Maul – legen

____

③ Tierpfleger – Tiere – Futter – geben

____

Name:	Datum:

Adverbiale Bestimmung des Raumes (Frage: „wo?“)

Lebensraum Wald

**1. Beantworte die Fragen und unterstreiche die Ortsangaben.
Knacke die Nüsse zu deiner Hilfe!**

① Wo leben viele Tiere und Pflanzen zusammen?

Im Wald leben viele Tiere und Pflanzen zusammen.

② Wo hat sich das Eichhörnchen seinen Kobel gebaut?

____

③ Wo hält es sich mit seinen spitzen Krallen fest?

____

④ Wo bewohnt der Dachs seine Dachsburg?

____

⑤ Wo wachsen junge Fichten und Eichen?

____

hinter
unter
auf
an

Baum
R nde
Erde
Zaun

**2. Frage mit „Wo …?“ nach der fehlenden Ortsangabe.
Knacke die Nüsse zu deiner Hilfe!**

① ____________________ liegen Nahrungsreste.

② Ein Specht hat ____________________ gebrütet.

③ ____________________ webt eine Spinne ihr Netz.

④ ____________________ steht ein Fliegenpilz.

⑤ Den Regenwurm siehst du ____________________

nur bei feuchtem Wetter.

zwischen
in
über
neben
vor

Erde
Baumhöhle
Fichte
einige Äste
Fuchsbau

Name:	Datum:

Adverbiale Bestimmung des Raumes (Frage: „wohin?“, „woher?“)

Gewitter

1. Frage mit „Wohin …?“ nach der fehlenden Ortsangabe.

① Feuchte Luft steigt in die Höhe.

② Bald fallen dicke Regentropfen ________________.

③ Alle Leute rennen ________________.

④ Schon läuft Wasser ________________.

⑤ Unser Hund saust ________________.

⑥ Der Nachbar hängt die nasse Kleidung ________________.

⑦ Ein dicker Baum stürzt ________________.

auf – an – in
unter – auf – in

Bett – Keller
Wäscheleine – Straße – Boden
Wohnung

2. Frage mit „Woher …?“ nach der fehlenden Ortsangabe.

① Eine Sirene ertönt ________________.

② ________________ kommt die Feuerwehr.

③ Eimer und Besen holen wir ________________.

④ Alle schöpfen mit Eimern Wasser ________________.

⑤ ________________ holen die Feuerwehrmänner eine Pumpe.

⑥ Jetzt fallen Hagelkörner ________________.

⑦ ________________ tropft Wasser durch die Decke.

aus oder **vom**

Abstellkammer Feuerwehrwagen
Wolken – Stadt – Feuerwehrhaus – Keller –
Dachboden

Name:	**Datum:**

Adverbiale Bestimmung der Zeit (Frage: „wann?“)

Berufe ändern sich

Frage mit „Wann …?“ nach der fehlenden Zeitangabe und ergänze diese.

Herr Sandner war _früher_ in einer großen Tischlerei beschäftigt.

__________________ machten Maschinen seine Arbeit überflüssig.

__________________ wurde er arbeitslos.

Er hat __________________ an einer Umschulung teilgenommen.

__________________ arbeitet Herr Sandner als Krankenpfleger.

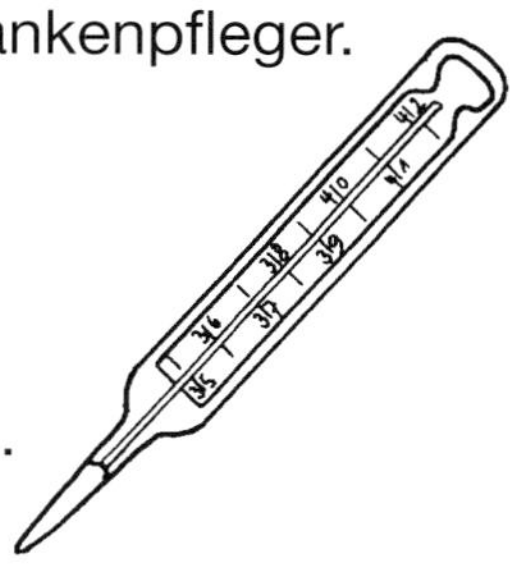

Er muss __________________ aufstehen.

Sein Dienst beginnt __________________.

Manchmal muss er auch __________________ arbeiten.

Dann hat er __________________ frei.

__________________ muss er bei den Patienten Puls und Temperatur messen.

__________________ werden die Betten gemacht.

__________________ bringt er das Frühstück.

Er versorgt die Patienten auch __________________.

__________________ wird er von einer Krankenschwester abgelöst.

__________________ kann er nach Hause gehen.

__________________ trainiert er die Jugend in einem Fußballverein.

anschließend | heute | in seiner Freizeit | in der Nacht | nun
um sechs Uhr | kurz darauf | vor fünf Jahren | sehr früh am Morgen
am nächsten Tag | nach einer Operation | am Nachmittag | zuerst
vor zwei Jahren | nach einem kurzen Gespräch

Durch welches Fragewort kannst du erfahren, zu welchem Zeitpunkt etwas geschieht?		

Name:	**Datum:**

Adverbiale Bestimmung der Zeit (Frage: „wie lange?", „wie oft?")

Nachrichten übermitteln

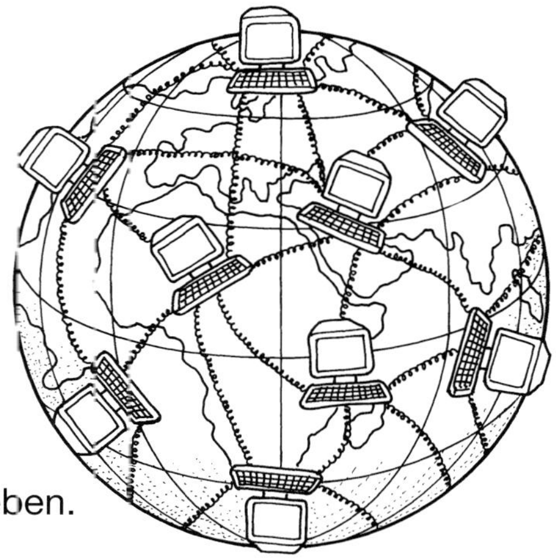

1. Stelle die Frage „Wie lange …?" und ergänze die Zeitangaben.

① Die Post gibt es schon *500 Jahre*.

② Briefmarken kennen wir seit ______________________.

③ Menschen können auch schon

______________________________ Telegramme aufgeben.

④ Die Zustellung der Briefe mit dem Postreiter dauerte ______________________.

⑤ ______________________________ fuhr die Postkutsche die Briefe durch das Land.

⑥ Eine Telefonverbindung braucht heute ______________________.

⑦ Auf ein Fax musst du ______________________ warten.

⑧ Eine E-Mail läuft ______________________ durch das Internet zum Empfänger.

nur wenige Minuten | 160 Jahre | nur einen Augenblick | viele Tage | nur wenige Sekunden | mehrere Wochen | seit 160 Jahren

2. Stelle die Frage „Wie oft …?" und ergänze die Zeitangaben.

① Die Pferde vor der Kutsche brauchten ______________________ frisches Wasser.

② ______________________ überfielen Räuber die Kutschen.

③ ______________________ zogen sogar acht Pferde die Kutsche.

④ Der Kutscher blies ______________________ in sein Horn.

⑤ ______________________ brachen auch Räder auf den schlechten Wegen.

Was erfährst du durch die Frage „Wie oft …?"

manchmal | gelegentlich | immer wieder | mehrmals | dreimal

Mit welcher Frage erfährst du, über welchen Zeitraum ein Ereignis angedauert hat?		

Name:	Datum:

Adverbiale Bestimmung des Raumes und der Zeit

Ein Brief erzählt:

① Mein Absender holt mich aus seiner Hosentasche.

② Er wirft mich etwas zerknittert in den Briefkasten.

③ Eine Stunde verbringe ich in dem dunklen Kasten.

④ Um 17 Uhr wird der Briefkasten von einem Postbeamten geleert.

⑤ Mein Kasten wird dreimal täglich geleert.

⑥ Ich falle aus dem Kasten in einen großen Sack.

⑦ Mit vielen anderen Briefen und Postkarten fahre ich ins Postamt.

⑧ Dort drückt mir eine Maschine einen Stempel auf die Marke.

⑨ Alle Briefe mit der gleichen Postleitzahl liegen in einem Fach.

⑩ Immer wieder drängelt sich ein Brief dazu.

⑪ Danach werde ich wieder zwei Stunden im Postauto herumkutschiert.

⑫ Am nächsten Tag trägt mich ein Briefträger zu meinem Empfänger.

⑬ Manchmal verirrt sich ja einer von uns und ist eine Ewigkeit auf Reisen.

⑭ Ich war aber zum Glück nur einen Tag unterwegs.

1. Unterstreiche alle Ortsangaben rot und alle Zeitangaben blau.

**2. Ordne jeweils zwei Ortsangaben und Zeitangaben in die Tabelle ein.
Achte auf die Fragewörter!**

„Wo …?“	„Wohin …?“	„Woher …?“

„Wann …?“	„Wie lange …?“	„Wie oft …?“

Name:	Datum:

Kontrolle: Satzergänzungen

Dinosaurier

① Vor 500 Millionen Jahren gab es Lebewesen nur ____________________.

② Irgendwann krochen Fische auf Flossen ____________________.

③ Aus den ersten Fischen entwickelten sich später Amphibien und Reptilien.

④ Die Dinosaurier beherrschten erst ____________________ die Erde.

⑤ Am Anfang erreichten sie ____________________ nur eine Länge von einem Meter.

⑥ Später schleppten die Dinosaurier riesige Körper über das Land.

⑦ Der Riesendinosaurier Diplodocus fraß nur ____________________ von den Bäumen.

⑧ Ein Riesendinosaurier lebte wahrscheinlich ____________________.

⑨ Dinosaurier legten Eier ____________________.

⑩ Das Weibchen brachte ____________________ Futter.

⑪ Der Stachelschwanz gab dem Stegosaurus Schutz vor Feinden.

Punkte:	Note:

Name:	Datum:

Satzverbindung „und"

Die Menschen im Mittelalter

1. Verbinde zwei Sätze mit „und". Der Satzgegenstand (Subjekt) ist immer gleich.

① Der König reiste durch das Land. Der König besuchte seine Burgen.

Der König reiste durch das Land ***und*** *besuchte seine Burgen.*

② Ein Gefolge begleitete den König. Das Gefolge beschützte den König.

③ Die Ritter segelten mit Schiffen. Die Ritter führten Kreuzzüge.

④ Mit Edelsteinen schmückte sich die Dame. Die Dame trug kostbare Kleider.

⑤ Der Grundherr erhielt Land vom König. Der Grundherr gab Land an die Bauern.

⑥ Die Bauern arbeiteten auf dem Feld. Die Bauern brachten die Ernte ein.

2. Aufgepasst! Hier ist der Satzgegenstand (Subjekt) verschieden. Schreibe in dein Heft.

① Gaukler zeigten Späße.
Die Leute lachten über die Vorführung der Gaukler.

② Handwerker erbauten eine Burg.
Ein Baumeister beaufsichtigte die Handwerker.

③ Der König erließ Gesetze.
Der Burgherr führte die Gesetze aus.

④ Kaufleute brachten Waren in die Städte.
Die Bürger kauften von den Kaufleuten.

Durch welche Wörter kannst du gleiche Nomen (Namenwörter) in beiden Sätzen ersetzen?		

Name:	Datum:

Satzverbindung „und" – Sätze auflösen

Überraschungs-Eier

Herr Wenzel will ganz besondere Hühner züchten und er besitzt schon eine Henne und er geht zum Markt und dann kauft er noch 10 Eier und die Eier stammen aus dem Ausland und er geht fröhlich nach Hause und dann legt er die Eier seiner Henne ins Nest und die Henne brütet die Eier aus und Herr Wenzel schaut jeden Tag in den Hühnerstall und er möchte wissen, ob die Küken schon geschlüpft sind, und dann sind eines Tages die Schalen zerplatzt und 10 kleine Schildkröten krabbeln unter der Henne hervor und dann muss Herr Wenzel jetzt Schildkröten züchten.

Denke daran:
Am Satzanfang schreiben wir groß!

Die Geschichte besteht nur aus einem Satz. Trenne kurze Sätze mit einem Bleistift ab. Setze die Punkte und schreibe die Geschichte neu.

Herr Wenzel will ganz besondere Hühner züchten. Eine Henne

Name: **Datum:**

Kausalsatz (Konjunktion „denn“)

Das Handy

Verbinde immer zwei Sätze mit „…, denn“. Schreibe auch in dein Heft.

① Handys können sehr nützlich sein. Ich kann schnell jemanden erreichen.

*Handys können sehr nützlich sein, **denn** ich kann schnell jemanden erreichen.*

② Ich halte Abstand zwischen Kopf und Antenne. Funkwellen sind ungesund.

____

____

③ Ich verwende Handys mit einem Kopfhörer. So ist die Antenne weiter vom Kopf entfernt.

____

____

④ Olli telefoniert gern im Freien. Dort ist der Empfang oft besser.

____

____

⑤ Im Flugzeug ist das Handy verboten. Die Funkwellen bringen die Elektronik durcheinander.
⑥ Im Krankenhaus sind Handys nicht erlaubt. Sie können empfindliche Geräte stören.
⑦ Im Unterricht muss ich mein Handy abstellen. Das Klingeln ärgert den Lehrer.
⑧ Nina bleibt heute auf Empfang. Sie erwartet eine SMS von Andi.

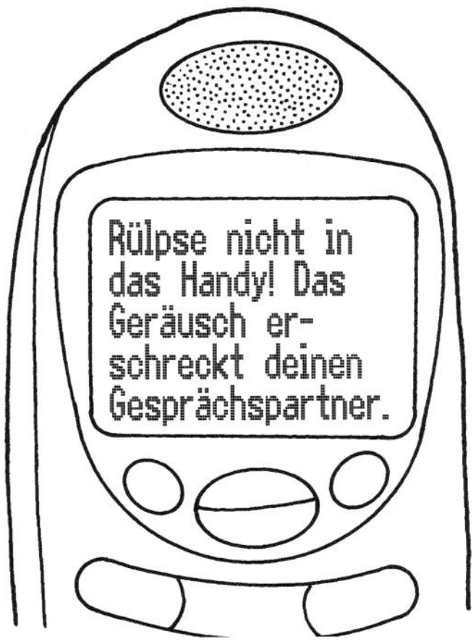

Wo muss der „denn“-Satz immer stehen?		

Name:	**Datum:**

Bd. 343. Joachim Borchers: Rund um den Satz.

Kausalsatz (Konjunktion „weil“)

Der Kampf um eine Burg

Konjunktion = Bindewort

1. Verbinde immer zwei Sätze mit „…, weil“ und schreibe sie in dein Heft.

① Die Bauern arbeiteten nicht mehr auf ihren Feldern. Der Burgherr rief sie in den Krieg.

*Die Bauern arbeiteten nicht mehr auf ihren Feldern, **weil** der Burgherr sie in den Krieg rief.*

② Der Burgherr beschützte die Bauern.
Sie gaben ihm einen Teil der Ernte.

③ Die Burgbewohner bemerkten einen Angriff der Feinde sofort.
Ein Wächter stand auf dem Turm.

④ Viele Feinde verbrannten vor der Burg.
Die Burgbewohner schütteten heißes Pech aus der Pechnase.

⑤ Bald brannte das Dach der Burg.
Brennende Pfeile flogen durch die Luft.

⑥ Das Burgtor brach.
Einige Männer rannten mit einem Stamm dagegen.

⑦ Die Mauer bekam Löcher.
Soldaten schmetterten schwere Steine mit der Steinschleuder dagegen.

Hast du an das Komma gedacht?

2. Stelle jetzt den „weil“-Satz an den Anfang.

① Ein Schwert verletzte den Ritter nicht. Eine Rüstung schützte seinen Körper.

***Weil** eine Rüstung seinen Körper schützte, verletzte das Schwert den Ritter nicht.*

② Die Ritter bewegten sich nur mühsam.
Sie trugen eine schwere Rüstung.

③ Die Feinde legten Leitern an die Mauer.
Die Mauer war sehr steil.

④ Später bauten die Menschen Feuerwaffen.
Ein Mönch hatte das Schießpulver erfunden.

⑤ Die Burgen brannten oft völlig aus.
Die neuen Waffen trafen sicherer.

⑥ Die Herren verließen ihre Burg.
Die Burg schützte sie nicht mehr.

Wann verbindest du zwei Sätze mit der Konjunktion (Bindewort) „weil“?		

Name:	Datum:

Kausalsatz (Konjunktion „da“, „weil“, „denn“)

Das Leben der Eskimos am Nordpol

1. Verbinde die zwei Sätze mit „da“. Denke an das Komma!

① Am Nordpol herrscht große Kälte. Die Sonnenstrahlen treffen nur flach auf die Erde.

*Am Nordpol herrscht große Kälte, **da** die Sonnenstrahlen nur flach auf die Erde treffen.*

***Da** die Sonnenstrahlen nur flach auf die Erde treffen, herrscht am Nordpol große Kälte.*

② Kein Schiff kann das Eismeer durchqueren.
Eine dicke Eisschicht bedeckt das Meer.

③ Der Nordpol liegt lange in völliger Dunkelheit.
Sechs Monate scheint dort keine Sonne.

④ Die Eskimos fahren mit Schlitten.
Im Winter liegt überall Eis und Schnee.

⑤ Tranlampen erhellen die Zelte.
Die Eskimos haben kein elektrisches Licht.

2. Verbinde die zwei Sätze mit „da“, „weil“ oder „denn“.

① Die Eskimos bauen runde Schneehütten. Die Schneehütten halten Wind und Kälte ab.

② Die Eskimos betreiben keine Landwirtschaft. Der Boden taut das ganze Jahr nicht auf.

③ Die Eskimos ernähren sich vom Fischfang. Viele Fische und Wale leben im Meer.

④ Die Eskimos haben keinen festen Wohnsitz. Sie ziehen von einem Jagdrevier zum nächsten.

3. Bilde Sätze. Verbinde sie mit „da“, „weil“ oder „denn“.

Eskimos bezeichnen sich selbst lieber als „Inuit“ (= Menschen)

Eskimos – Jagd – gehen
viele Robben – Eisbären – Nordpol – leben

Eskimos – Sommer – Lederzelte – wohnen
Sonne – Land – erwärmen

Eskimos – Boote – fahren
Meer – Seen – Land – umgeben

Wo steht die Satzaussage (Prädikat) im „da“-Satz und im „weil“-Satz?

Name:

Datum:

Temporalsatz (Konjunktion „als“)

Erfindungen

1. Verbinde zwei Sätze durch das Bindewort „..., als“. Schreibe in dein Heft.

① Der Urmensch konnte Fleisch zerschneiden. Er hatte den Faustkeil erfunden.

*Der Urmensch konnte Fleisch zerschneiden, **als** er den Faustkeil erfunden hatte.*

② Soldaten griffen mit kleinen Streitwagen ihre Feinde an.
Das Rad war erfunden.

③ Immer mehr Menschen kauften Bücher.
Man konnte aus beweglichen Buchstaben Texte drucken.

④ Ärzte fanden viele Krankheitserreger.
Ein Holländer hatte das erste Mikroskop gebaut.

⑤ Die Menschen konnten viele Erinnerungen auf Bildern festhalten.
Ein Franzose hatte lichtempfindliches Papier hergestellt.

2. Stelle den „als“-Satz an den Satzanfang.

① Ein Brite hatte die erste Dampfmaschine gebaut.
1835 fuhr schon eine Dampfeisenbahn von Nürnberg nach Fürth.

② Die Menschen fuhren in den ersten Automobilen. Der Verbrennungsmotor war gebaut.

③ Der Heißluftballon war erfunden. Der Mensch konnte auch fliegen.

④ Die ersten Telefone wurden hergestellt.
Man konnte sich mit Freunden überall auf der Welt unterhalten.

Weißt du, wodurch der „als“-Satz vom übrigen Satz getrennt ist?

3. Bilde Sätze. Nutze das Bindewort „als“.

Edison – erste Glühlampe – erfinden
Menschen – qualmende Gaslampen – nicht mehr – brauchen

Volta – erste Batterie – bauen
jeder – Strom – überall hin – mitnehmen können

Menschen – Internet – einrichten
plötzlich – ganze Welt – verbunden sein

Wann ist die Aussage im „als“-Satz passiert?		

Name:	**Datum:**

Temporalsatz (Konjunktion „während")

Mister Tausendsassa macht alles gleichzeitig

**1. Verbinde immer zwei Sätze mit dem Bindewort „…, während".
Nutze auch die Rückseite.**

① Mister Tausendsassa zieht sich die Hose an. Er kämmt sich die Haare.

*Mister Tausendsassa zieht sich die Hose an, **während** er sich die Haare kämmt.*

② Er macht einen Handstand. Er trinkt ein Glas Wasser.

③ Er telefoniert mit einem Freund. Er spricht mit seiner Frau.

④ Er fährt mit dem Fahrrad. Er putzt sich die Zähne.

2. Du kannst den „während"-Satz auch an den Anfang stellen.

① Er deckt im Lokal die Tische. Er kehrt den Fußboden.

***Während** er im Lokal die Tische deckt, kehrt er den Fußboden.*

② Er hilft einer alten Frau in den Mantel. Er bedient einen Gast.

③ Er trägt zehn Teller in die Küche. Er schreibt für einen Herrn die Rechnung.

④ Er bringt einem Gast das Essen. Er holt einer Familie die Getränke.

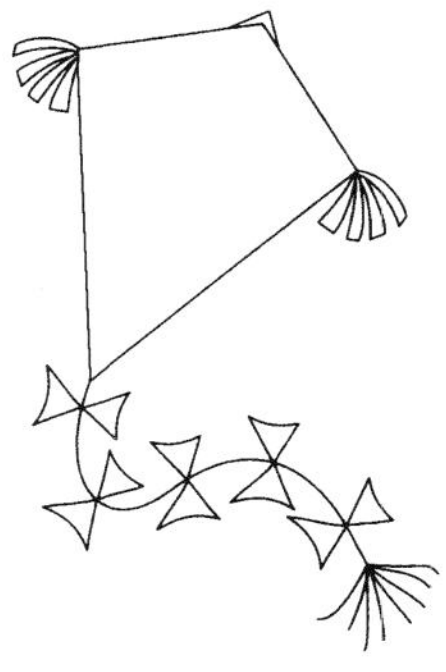

3. Bilde Sätze und verbinde sie mit „während".

① zu Hause – Kinder – Fußball – spielen – sein Auto – waschen

② Inliner – fahren – Drachen – steigen lassen – Tim und Anna

Wann kannst du Sätze mit „während" verbinden?		

Name:	**Datum:**

Konditionalsatz (Konjunktion „wenn“, „falls“)

Im Wald unterwegs

1. Verbinde immer zwei Sätze mit „wenn“. Schreibe in dein Heft.

① Wir entdecken viele Tiere und Pflanzen. Wir wandern durch den Wald.

*Wir entdecken viele Tiere und Pflanzen, **wenn** wir durch den Wald wandern.*

***Wenn** wir durch den Wald wandern, entdecken wir viele Tiere und Pflanzen.*

② Unsere Abfälle packen wir in den Rucksack.
Wir beenden die Frühstückspause.

③ Wir pflücken keine seltenen Blumen auf der Wiese.
Mutti hat Geburtstag.

④ Struppi jagt keine Rehe.
Wir nehmen ihn im Wald an die Leine.

2. Verwende das Bindewort „falls“.

① Wir bewegen uns nicht. Ein Fuchs kommt aus seinem Bau.

② Ein kleiner Baum wächst weiter. Wir ritzen kein Herz in seine Rinde.

③ Wir entdecken viele kleine Lebewesen. Wir untersuchen den Waldboden.

3. Hier stimmt was nicht! Verbinde die Sprichwörter richtig.

①	Wenn zwei sich streiten,	tanzen die Mäuse auf den Tischen.
②	Wenn es am besten schmeckt,	so kommen sie beide fort.
③	Wenn der Blinde den Lahmen trägt,	freut sich der Dritte.
④	Wenn die Katze fort ist,	geht er aufs Eis.
⑤	Wenn dem Esel zu wohl ist,	soll man aufhören.

Was drücken die Bindewörter „wenn“ und „falls“ aus?		

Name:	Datum:

Konsekutivsatz (Konjunktion „sodass")

Lebensräume

Welche Puzzleteile gehören zusammen? Verbinde immer zwei Sätze mit „…, sodass". Schreibe in dein Heft.

Die Sonne steht senkrecht über dem Äquator. | Dort ist es immer sehr heiß.

*Die Sonne steht senkrecht über dem Äquator, **sodass** es dort immer sehr heiß ist.*

In der Wüste regnet es wenig.

Die Pflanzen in den Regenwäldern wachsen schnell.

Man braucht dort ein Sauerstoffgerät.

Am Südpol herrscht große Kälte.

Dort gibt es kaum Wasser.

Im Dschungel regnet es viel.

Auf hohen Bergen gibt es kaum Sauerstoff.

Du kannst dich flach auf das Wasser legen.

Das Tote Meer enthält viel Salz.

Eine dicke Eisschicht bedeckt die Antarktis.

An welcher Stelle steht die Satzaussage (Prädikat) im „sodass"-Satz?

Name: **Datum:**

Konzessivsatz (Konjunktion „obwohl")

Freizeit und Hobbys

1. Verbinde die Sätze mit „…, obwohl". Schreibe sie in dein Heft.

① Holger spielt auf der elektrischen Gitarre. Der Vater hält sich die Ohren zu.

Holger spielt auf der elektrischen Gitarre, ***obwohl*** *sich der Vater die Ohren zuhält.*

② Lasse fährt gerne mit dem Skateboard.
Er besitzt schon zwei Beulen am Po.

③ Unser Nachbar angelt jeden Tag am See.
Er hat noch nie einen Fisch gefangen.

④ Lena schreibt in ein Tagebuch.
Sie kann ihre eigene Schrift nicht lesen.

2. Stelle den „obwohl"-Satz an den Anfang.

① Großmutter rast mit dem Motorrad über die Kreuzung.
Die Ampeln stehen auf Rot.

② Es regnet den ganzen Tag.
Jana spielt mit Bello draußen.

③ Niko fliegt mit dem Fallschirm durch die Luft.
Er hängt danach oft in den Ästen.

3. Bilde Sätze und verbinde sie mit „obwohl".

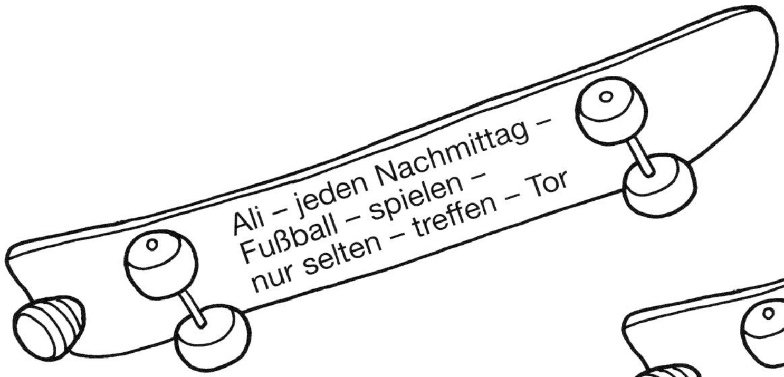

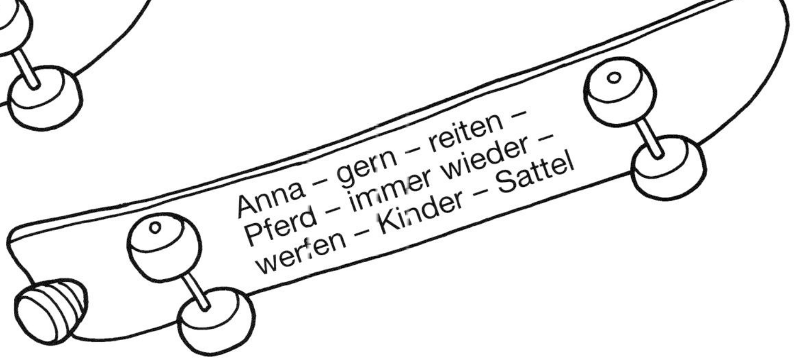

Wodurch ist der „obwohl"-Satz vom übrigen Satz getrennt?		

Name:	Datum:

Finalsatz (Konjunktion „damit", „um … zu")

Im Wartezimmer

Frau Schlaumeier und Herr Neunmalklug kennen tolle Tipps und Tricks für die Gesundheit.

① Ich esse nicht jeden Tag Pommes.
Mein Körper bekommt viele Nährstoffe.

② Ich wasche meine Hände gründlich.
Ich stecke mich nicht
mit Krankheiten an.

③ Ich ziehe im Winter
einen dicken Mantel an.
Ich bekomme keinen Schnupfen.

④ Ich spiele jeden Tag Fußball.
Ich verbrauche Energie
und bleibe kräftig.

⑤ Ich esse im Winter viele Apfelsinen.
Ich schütze mich vor der Grippe.

⑥ Ich esse auch viele Ballaststoffe.
Ich bekomme keinen Durchfall.

⑦ Bei Fieber halte ich Bettruhe.
Ich komme schnell wieder
auf die Beine.

⑧ Zähne – dreimal am Tag – putzen
Karies – verjagen

⑨ Beim Lesen – genug Licht – sorgen
Augen – schonen

… und warum sitzen
sie dann trotzdem
beim Arzt?

1. Aussage ①–④: Verbinde die Sätze mit „damit". Schreibe in dein Heft.

*Ich esse nicht jeden Tag Pommes, **damit** mein Körper viele Nährstoffe bekommt.*

2. Aussage ⑤–⑦: Du kannst die zwei Sätze auch mit „um … zu" verbinden. Schreibe auf.

3. Aussage ⑧–⑨: Bilde Sätze! Verbinde sie mit „um … zu" oder „damit".

Was beschreiben die Bindewörter „damit" und „um … zu"?		

Name:	**Datum:**

Modalsatz (Konjunktion „wie …, so")

Sprichwörter

Man muss die Menschen so nehmen, wie sie sind.

Wie die Alten sungen, so zwitschern schon die Jungen.

Wie du mir, so ich dir.

Wie gewonnen, so zerronnen.

Wie die Arbeit, so der Lohn.

Wie man in den Wald hineinruft, so schallt es heraus.

Wie man den Karren schmiert, so läuft er.

Suche zu den Sätzen das passende Sprichwort. Schreibe es dazu.

① Jan geht ausgeruht und fröhlich an die Hausaufgaben. Schnell ist er damit fertig.

____

② Marek meckert ständig. Keiner in der Klasse mag ihn.

____

③ Anja hat das Einmaleins nicht geübt. Im Test hat sie eine sechs.

____

④ Moritz ist etwas pummelig. Trotzdem darf er in der Fußballmannschaft spielen.

____

⑤ Herr Wetzel prahlt mit seinem Wissen. Sein Sohn ist auch schon ein Angeber.

____

⑥ Lisa bekam 40 € geschenkt. Am nächsten Tag war das Geld ausgegeben.

____

⑦ Sam hat Tobias ans Schienbein getreten. Tobias tritt Sam in den Hintern.

____

Wann benutzt du das Bindewort „wie …, so"?		

Name:	**Datum:**

Relativsatz

Meine Klasse

1. Verbinde immer zwei Sätze mit „der“, „die“ oder „das“. Schreibe auf!

① Hausaufgaben mache ich mit Ole. Ole wohnt in meiner Straße.

*Hausaufgaben mache ich mit Ole, **der** in meiner Straße wohnt.*

② Vor mir sitzt Maria. Maria ist riesengroß.

____

③ Am Nachmittag spiele ich mit David. David hat mich zum Geburtstag eingeladen.

____

④ Neben mir sitzt Lisa. Lisa hat immer leckere Schulbrote dabei.

____

2. Verbinde die Sprichwörter richtig.

① Wer einmal lügt,	braucht für den Spott nicht zu sorgen.
② Wer den Pfennig nicht ehrt,	hat die Qual.
③ Wer die Wahl hat,	ist des Talers nicht wert.
④ Was du heute kannst besorgen,	lacht am besten.
⑤ Wer den Schaden hat,	muss man in den Beinen haben.
⑥ Wer A sagt,	muss fühlen.
⑦ Wer andern eine Grube gräbt,	soll nicht mit Steinen werfen.
⑧ Wer zuletzt lacht,	der fällt selbst hinein.
⑨ Wer nicht hören will,	dem glaubt man nicht.
⑩ Wer im Glashaus sitzt,	muss auch B sagen.
⑪ Was sich liebt,	das verschiebe nicht auf morgen.
⑫ Was man nicht im Kopf hat,	das neckt sich.

Mit welchen Bindewörtern kannst du ein Namenwort (Nomen) genauer erklären?		

Name:	**Datum:**

Inhaltssatz („dass") oder Relativsatz („das")

1. Schreibe deine Meinung zu diesen Sätzen. Verwende „dass"-Sätze.

① Jungen wollen immer bestimmen.
② Mädchen rechnen besser als Jungen.
③ Jungen schreiben sauberer als Mädchen.
④ Mädchen vergessen selten ihre Hausaufgaben.
⑤ Jungen schreien gerne laut.
⑥ Jungen spielen besonders gerne Fußball.
⑦ Kluge Mädchen wissen alles.

Ich finde nicht, **dass** Jungen immer bestimmen wollen.

Ich glaube, dass … / Ich glaube nicht, dass …
Ich meine, dass … / Ich meine nicht, dass …
Ich finde, dass … / Ich finde nicht, dass …
Ich bin der Meinung, dass … / Ich bin nicht der Meinung, dass …

Kinderwünsche

2. Ergänze im Text „dass" oder „das".

Schreibe „das", wenn du „welches" dafür einsetzen kannst.

① Paul wünscht sich ein Haustier, ________ ihn morgens weckt.

② Lisa möchte, ________ Anton neben ihr sitzt.

③ Serkan träumt von einem Fahrrad, ________ schneller fährt als ein Auto.

④ Sarah sehnt sich nach einem Pferd, ________ sie niemals abwirft.

⑤ Max möchte, ________ ein Rennwagen ihn von der Schule abholt.

⑥ Jasmin wünscht sich, ________ ihr Hund morgens ihren Rucksack trägt.

⑦ Maria will ein Flugzeug, ________ sie in fremde Länder bringt.

⑧ Patrick will, ________ es jeden Tag Nudeln gibt.

⑨ Jennifer wünscht sich ein neues Kleid, ________ sie zur Feier anziehen kann.

⑩ Leon träumt von einem Tuch, ________ ihn unsichtbar macht.

Erkläre, wann du „dass" und wann du „das" schreiben musst.		

Name:	**Datum:**

Ein ungewöhnliches Gespräch

Lasse Feldmaus und Heuschrecke abwechselnd sprechen.
Der Redebegleitsatz kann vor oder nach der direkten Rede stehen.

> Die direkte (wörtliche) Rede steht zwischen Anführungszeichen!

Die Feldmaus ruft: „Guten Tag, Herr Springweit!“

„Seien Sie gegrüßt, Frau Nagezahn!“, erwidert die Heuschrecke.

Was bewirkt der Redebegleitsatz bei der direkten Rede?		

Name:	Datum:

Bd. 343. Joachim Borchers: Rund um den Satz.

Direkte und indirekte Rede

Lachen mit Witzen!

① Eine Frau fragte am Kiosk, ob sie eine Postkarte mit einer Maus darauf haben könne. Die Verkäuferin erwiderte, ob es denn unbedingt eine Maus sein müsse. Die Frau antwortete mit Ja, denn sie wolle die Karte an ihre Katze schicken.

② Eine alte Dame fragte Benni, ob er bitte aufstehen möchte. Benni verneinte, denn er kenne diesen Trick. Sie setze sich dann auf seinen Platz.

③ Zwei Spatzen sehen ein Flugzeug vorbeifliegen. Der eine Spatz meint, dass der es aber eilig habe. Der andere Spatz meint, dass das kein Wunder sei, wenn einem der Hintern brenne.

④ Der Zirkusdirektor brüllt den Tierwärter an, ob er wahnsinnig geworden sei. Er habe heute Nacht den Löwenkäfig offengelassen. Der Tierwärter sagt zum Zirkusdirektor, er solle sich wieder abregen. Wer werde denn schon einen von diesen wilden Löwen klauen.

⑤ Frau Müller fragt Frau Schmidt, warum ihr Hund keine Briefträger möge. Frau Schmidt erklärt, dass er sauer sei, weil er nie Post bekomme.

Denke daran:
Der Redebegleitsatz kann vor oder nach der direkten (wörtlichen) Rede stehen!

Schreibe die Witze noch einmal in direkter Rede auf. Nutze auch dein Heft.

① *Eine Frau fragte am Kiosk: „Kann ich eine Postkarte mit einer Maus darauf haben?“*

Die Verkäuferin erwiderte: „...

____

____

____

Wie kann man etwas lebendig erzählen oder aufschreiben?		

Name:	**Datum:**

Bd. 343. Joachim Borchers: Rund um den Satz.

Kontrolle: Satzverbindung und Satzgefüge

Eine Fahrt zum Mond

1. Ergänze in den Lücken die fehlenden Wörter. Setze auch die Kommas.

Florian setzte sich in den Korb ____________ flog mit dem Heißluftballon davon. Er warf Sandsäcke ab ____________ der Ballon höher stieg. Die Häuser wurden winzig klein ____________ er sich weiter von der Erde entfernte. Plötzlich sah er nichts mehr ____________ er befand sich schon über den Wolken. Der Korb schaukelte sehr ____________ es Florian ganz schwindlig wurde. ____________ er umkehren wollte, konnte er den Ballon nicht mehr bremsen. Da tauchte vor ihm der Mond auf ____________ ganz hell strahlte. Florian wusste ____________ der Mond nur leuchtet ____________ die Sonne ihn anstrahlt. Florian glaubte nicht ____________ es auf dem Mond Lebewesen gibt. Mit einem Ruck setzt der Korb auf ____________ Florian stieg aus. Er spürte den Boden nicht unter den Füßen ____________ er schwerelos war. ____________ einige Mondmenschen ihn bemerkt hatten, liefen sie schnell herbei. ____________ ihn einige begrüßten, untersuchten andere seinen Ballon. Sie schenkten ihm ein Döschen ____________ mit Mondstaub gefüllt war. Einer fragte Florian: ____________

____

Florian stieg in den Korb ____________ auf die Erde zurückzukehren.

2. Überlege dir selbst einen Schluss. Verbinde dabei immer zwei Sätze. Schreibe auf.

Punkte:	Note:

Name:	Datum: